AF582347

UN
CARNAVAL DE TROUPIERS

POCHADE MÊLÉE DE COUPLETS

PAR

MM. SIRAUDIN ET ERNEST BLUM

Représentée pour la première fois, à Paris, sur le théâtre du PALAIS-ROYAL, le 14 février 1862.

PARIS
MICHEL LÉVY FRÈRES, LIBRAIRES ÉDITEURS
RUE VIVIENNE, 2 BIS, ET BOULEVARD DES ITALIENS, 15
A LA LIBRAIRIE NOUVELLE

1862

Distribution de la pièce.

PILON, brosseur........................	MM. LASOUCHE.
BELLEVENUE, apprenti tambour-major.	GIL-PEREZ.
BOUFFARD, sapeur..................	LUGUET.
PITANCHET, caporal..................	FIZELIER.
PAUL CERNEY, lieutenant............	GASTON.
BELLEASPERGE, tambour-major.......	DELANNOY.
DUCAILLOU.........................	HYACINTHE.
CANARD.............................	PRISTON.
BERLURETTE, domestique de Ducaillou.	Mlle SCHNEIDER.

SOLDATS, MASQUÉS, ETC.

La scène se passe à Paris, dans l'appartement de Paul Cerney.

UN CARNAVAL DE TROUPIERS

Un appartement élégant. — Piano, chaises, fauteuils, portes au fond et latérales.

SCÈNE PREMIÈRE

PAUL, puis PILON.

PAUL, il est assis. Voyons... Jules, Gustave... Alfred... non... Je n'ai oublié personne. (Appelant.) Ah!... Pilon... Pilon!...

PILON, accourant. Voilà, lieutenant.

PAUL. Toutes mes lettres sont parties?

PILON. Complétement, lieutenant! A preuve qu'il y en a quelques-unes qui disaient comme ça : Est-il drôle, le lieutenant, il vous invite la veille... et il vous désinvite le lendemain! Le fait est que c'est tout de même assez bizarre... et s'il était permis à un brosseur d'interroger son lieutenant que je lui demanderais la raison... qui a déterminé le motif de la circonstance de ce changement de front.

PAUL. Eh bien! mon bon Pilon... je vais te le dire... je suis amoureux!

PILON. Oh!... que je connais ça! étant orné moi-même de cette infirmité.

PAUL. Une femme charmante!... mariée hélas! et sage!... Cependant à force de prières j'avais obtenu d'elle... un gage d'amour, son portrait!

PILON. Ah! que je connais encore ça... étant orné au bras droit du portrait de ma première passion, avec deux baguettes de tambour en sautoir et avec ces deux *verses*.

Pour la vie
A Verginie.

PAUL. Mais elle me redemande ce portrait... en échange de mes lettres... Elle exige que je le lui rapporte... ce soir... au bal de l'Opéra... où elle va en cachette de son mari... un M. Ducaillou.

PILON. Et vous voulez y aller?

PAUL. Plutôt deux fois qu'une... c'est un occasion de la voir seule, de lui parler... et peut-être touchée de mon obéissance... s'attendrira-t-elle! Le bal de l'Opéra a radouci bien des vertus... c'est même sa principale mission. Aussi tu garderas l'appartement dans le cas où quelques invités... retardataires.

PILON. Ah! sapristi!... nom d'une bobinette!

PAUL. Qu'as-tu donc?

PILON. J' vas vous dire... c'est que moi aussi... j'ai une passion... pas Verginie... une autre... une demoiselle... qui devait venir me prendre pour me conduire en société... à la salle Barthélemy...

PAUL. Ça sera pour un autre jour! Ainsi je vais...

PILON. Ah! cristi!... sapristi!... nom d'une chaufferette!

PAUL. Quoi encore?

PILON. Eh bien!... et tous ces costumes qu'on a apportés pour votre compte? Et les gâteaux, les rafraichissements... faudra donc en faire des papillottes?

PAUL. Je te permets de disposer de tout cela.

PILON. Oh! merci, lieutenant.

PAUL. Ainsi, retiens ici la demoiselle... quand elle viendra... invite des camarades.

PILON. Quoi! vraiment?... vous permettez...

PAUL. Mais... amuse-toi... danse... et tu me rendras service!... surtout...

PILON. *Momus*... Je comprends.

ENSEMBLE.

AIR : de *Don Pasquale*.

PAUL.

Oui, mon ami, je te quitte
Et tranquille, désormais,
De la fête, où je t'invite
Tu devras faire les frais.

PILON.

Oui, le lieutenant me quitte
Et tranquille, désormais,
De la fête, où l'on m'invite
Je m'en vais faire les frais.

SCÈNE II

PILON, puis BOUFFARD, BELLEVENUE, SOLDATS, CANARD, BELLEASPERGE.

PILON. C'est pas un lieutenant... ça... c'est du nanan... on en mangerait... Mais voyons, c'est pas tout ça... je vais faire mes invitations. (Allant à une fenêtre.) Hi! ho! hi! oup!... Bouffard! Bellevenue! Belleasperge! Pitanchet!... ohé!...

VOIX AU DEHORS. Ohé! ohé! Kttist!... Brrr!

PILON. L'invitation est faite et acceptée!... (Entrée de Bouffard, Bellevenue, soldats... etc.)

CHOEUR.

AIR : *des Canotiers.*

Gais soldats
De ce pas,
Nous allons rendre visite,
Au plaisir qui nous invite,
Et nous n'y manquerons pas.
Ah !

BOUFFARD. Hé bien... quoiqu'il y a ?

CANARD. Moi... je m'ai échappé... j'ai la permission... je suis lancier... je me lance !

PILON. Voici la chose... mais où donc est Bellevenue... l'étudiant tambour-major ?

PITANCHET. Il va venir... et tenez !

BELLEASPERGE, en tambour-major. Je vous l'amène... (Il traine Bellevenue.)

BELLEVENUE. Laissez-moi !...

PILON. Qu'est-ce qu'il a ?

BELLEVENUE. J'ai du cirage dans les idées !...

BELLEASPERGE ET LES AUTRES. Conte-nous donc ça ?

BELLEVENUE, à Belleasperge. Et c'est vous qui en êtes cause... quand je vous vois !... un si bel homme, une si belle taille, une si belle canne... ô mon rêve ! Tenez... cette nuit j'ai eu un cauchemar affreux.

TOUS. Bah !

BELLEVENUE. Je me voyais... rapetissé... rapetissé... que je me perdais dans ma giberne... et que j'étais forcé de mettre des lunettes pour me retrouver... Ah ! j'ai une nature bien ingrate... ajoutez à cela des peines de cœur qui me mélancolisent... si je vais jusqu'à cent sept ans... j'aurai de la chance !

PILON. Comment, tu as des peines de cœur ?

PITANCHET. Avec cette taille-là !

BOUFFARD. Ça n'y fait rien... Tenez, moi qui vous parle... je cache sous ma barbe les désespoirs les plus carabinés !

CANARD. Et moi donc !

BELLEASPERGE. Et moi z'aussi !

BELLEVENUE, soupirant. J'étais alors à la caserne Picpus, j'étais adoré... d'une cuisinière... Elle était Andalouse !

BOUFFARD. Moi... c'était à Popincourt... Elle était Marseillaise !

CANARD. Moi... à Saint-Denis... Elle était Normande !

BELLEASPERGE. La mienne était Bourguignotte !

PILON. La mienne est Auvergnate... c'est la perle du Cantal... mais c'est pas tout ça !... Et puisque vous êtes à la scie... quand on a des fonds de chagrins faut vider des fonds de bouteilles... et c'est pour ça que je vous ai fait venir.

TOUS. Hein?... quoi?... qu'y a-t-il?

PILON. Il y a que le lieutenant me fait cadeau de sa fête... il m'offre sa soirée... ses costumes et ses rafraichissements.

PITANCHET. Tiens... au fait où donc est-il, le lieutenant Paul?

PILON. Il est... il est... couché... là-haut, dans *sa* belvéder!... Ainsi, mes enfants, en avant la rigolade...

TOUS. Ça y est!

BELLEVENUE. Mais... vous n'y songez pas!... Et les femmes?... nous manquons de femmes... et un bal sans femmes... c'est un godiveau sans champignons.

CANARD. Une côtelette de chez le charcuitier sans cornichons...

PILON. J'ai mon Auvergnate!

BELLEASPERGE. C'est insuffisant!

PITANCHET. Il a raison... aussi j'ai mon idée!... je suis caporal... je vais faire une patrouille.

TOUS. Comment?

PITANCHET. Ça me regarde!... venez, vous autres...

PILON. En attendant, les costumes sont-là!... qu'on allume les bougies... et qu'on mette les sirops dans les carafes.

BOUFFARD. Avec l'eau?

CANARD. Non, l'eau à part pour ceux qui aiment le doux!...

PILON. A l'ouvrage!

TOUS. A l'ouvrage!

AIR.

Oui, que chacun s'apprête,
Allons nous travestir
Et la besogne faite,
Rev'nons nous divertir.

Tout le monde sort par le fond et par la droite, excepté Pilon.

SCÈNE III

PILON, puis BERLURETTE.

PILON. Moi, je me charge de l'éclairage. (Il allume les bougies.) Mais, dans tout ça... que je vois guère poindre Berlurette!... Voyons donc!... (Il écoute.) Je la reconnais! c'est son timbre!... c'est elle!

BERLURETTE, entrant. C'est moi... Berlurette.

AIR : de *Vachette* (*Hervé*).

Bonne enfant, servant les bourgeois
Sans mauvaise humeur ni colère,
Et n'ayant jamais à la fois,
Plus d'un attachement sincère.
Aimant la danse et la chanson,
Et préférant le militaire
Comme étant toujours franc luron,
Oui voilà (*bis*)
Voilà Berlurette!
Oui, voilà son portrait, fichtra !...

PILON. Avec tout ça, vous êtes joliment en retard.

BERLURETTE. Eh ! eh !... je ne chuis pas mon maître... mochieu Pilon!... j'ai un grigou de bourgeois... qui n'en finissait pas... de s'aller coucher.

PILON. Quels faignants que ces bourgeois !...

BERLURETTE. Avec cha que ce soir... il me regardait avec des yeux... il me reluquait...

PILON. Le fait est que vous avez des qualités assez prépondérantes !...

BERLURETTE. Mais je lui ai dit : pas de cha, M. Ducaillou !... Vous êtes marié... et les hommes mariés ça ne compte pas pour moi.

PILON, à part. Elle a des principes !...

BERLURETTE. Alors... j'ai profité de ce que madame était couchée, de ce que le bourgeois lisait un chiffon de papier, qu'il appelle son journal... que je me suis esquivée... et me voilà... allons vite à la salle Barthélemy.

PILON. Minute !... Le programme qu'il est changé, c'est moi que je vous offre un bal à domicile... Voilà comme nous sommes, nous autres hommes d'armes !

BERLURETTE. Nous allons danser ici ?

PILON. Avec votre permission ! (Il lui prend la taille.)

BERLURETTE. Eh ! bien, mochieu Pilon !...

PILON. C'était pour voir si vous pourriez mettre mon ceinturon.

BERLURETTE. Mais expliquez-moi !

PILON. C'est bien simple... C'est nous qui sommes nos propres lieutenants... nous sommes chez nous !

BERLURETTE. Fichtra !... c'est cossu ici !...

PILON. Vous êtes la bourgeoise... Malheureusement, je ne suis pas encore le bourgeois... mais patience... je touche à mon congé... et le jour où j'aurai mon rouleau de fer blanc... je viendrai vous l'offrir... à vous la seule femme que j'aie jamais aimée.

BERLURETTE. Et vous... vous êtes bien le seul homme à qui que j'aie fait des promesses.

PILON. O bonheur !...

BERLURETTE. Oh !... je défie bien qui que ça soit...

SCÈNE IV

LES PRÉCÉDENTS, BOUFFARD, BELLEVENUE, CANARD, BELLEASPERGE.

BOUFFARD, entrant, des caraffes sous le bras et des verres à la main. J'ai apprêté... (S'arrêtant.) Ciel !... ma Marseillaise ! (Il laisse tout tomber.)

BERLURETTE, à part. Bouffard !

BELLEVENUE, entrant une bougie à la main. Les bougies sont allu... (S'arrêtant.) Dieux !... mon Andalouse... (Il laisse tomber la bougie.)

BERLURETTE, à part. Bellevenue !

CANARD, de même. Ma Normande !...

BELLEASPERGE. Ma Bourguignotte !

PILON, à part. Qu'y a-t-il donc ?

ENSEMBLE.

AIR : de *Nabuco*.

BERLURETTE.	LES AUTRES.
Ah ! l'étrange aventure Ils en sont surpris tous, De cette conjoncture, Comment sortirons-nous ?	Ah ! l'étrange aventure ! Sommes-nous surpris tous ! De cette conjoncture Comment sortirons-nous !

BELLEVENUE. Enfin !... je vous retrouve, Héléna Roubicadès !

PILON. Roubicadès !

CANARD. Ah ! vous voilà donc ! Tiennette !

BOUFFARD. Je vous entreperçois... Fifine la Marseillaise.

BELLEASPERGE. Ah ! je vous repige, Mariotte !

BOUFFARD. Pourquoi avez-vous abandonné votre sapeur ?

CANARD. Votre lancier ?

BELLEASPERGE. Votre tambour-major !

BELLEVENUE. Pourquoi me lâchâtes-vous... Héléna... je ne suis pourtant pas embarrassant... je tiens si peu de place !

BERLURETTE, à part. D'où sortent-ils, ceux-là ?...

PILON. Un instant !... je compte dans le jeu... mademoiselle n'est ni Marseillaise, ni Espagnole... Elle est Auvergnate.

BERLURETTE. Oui, che chuis Auvergnate !... fouchtra !

BELLEVENUE. Avec un accent comme celui-là... c'est impossible... Elle est Espagnole.

BOUFFARD. Marseillaise !

BELLEASPERGE. Bourguignotte !

CANARD. Normande !

PILON, à Bellevenue. Mais d'où la connais-tu ?

BELLEVENUE. D'où je la connais ?... Il le demande, Héléna Roubicadès... il le demande !... (Sur un autre ton.) C'était par un beau soir d'été... la lune était de garde... moi j'étais de faction... pour me faire grandir...

BERLURETTE. Eh ! au fait... pourquoi tant de phrases... Eh ! bien oui, là... j'ai connu ces messieurs.

PILON. Elle l'avoue !...

BERLURETTE. Chertainement que je l'avoue !... mais en tout bien tout honneur... J'étais placée dans leur quartier et chaque fois que je suis placée dans le quartier d'une caserne... c'hest plus fort que moi... il faut que je connaisse un militaire.

PILON. Qu'apprends-je ! Qu'apprends-je ?

BERLURETTE. Cha dure le temps de ma place... C'est encore plus fort que moi... quand je change de quartier, je change de nom, de pays, ou de militaire !...

BELLEVENUE. Alors... Vous ne m'aimez plus, Roubicadès?

PILON, BOUFFARD, CANARD, BELLEASPERGE. Ni moi !

BERLURETTE. Si fait... Je vous aime... lui, vous tous, et Pilon !...

PILON. Mais malheureuse vous ne pouvez pas nous épouser tous ensemble !... les règlements français s'y opposent !

BELLEVENUE. Le colonel n'y consentirait pas !

BELLEASPERGE. Alors... il faut choisir, madame.

BELLEVENUE. Opetez !

BOUFFARD. Opetez !...

BERLURETTE. Eh bien ! soit !... je choisirai...

TOUS. Ce soir !...

BERLURETTE. Ce soir !... mon rêve c'hest d'avoir un militaire homme du monde... un troupier comme il faut...

TOUS. Mais...

BERLURETTE. Eh ! bien.... après le bal... je me déciderai pour celui d'entre vous... qui sera le plus distingué.

PILON. C'est bien !... allons nous habiller.

TOUS. Allons nous habiller.

AIR : de *Polka*. (de C. Michel.)

BERLURETTE.

Vite au bal,
C'est le carnaval
Qu'on s'amuse
Et qu'on en mésuse.
Vite au bal,
C'est le carnaval.
Le plaisir ne fait jamais de mal.
Entre nous plus de regret.

TOUS (à part.)

Je mijote un projet.

BERLURETTE.

Vous savez ce qui me plaît ?

TOUS CINQ.

Mais je le tiens secret.

BERLURETTE.

Je veux un mari coquet.

TOUS CINQ.

Je serai son objet.

BERLURETTE.

Un homme plus que parfait.

TOUS CINQ.

Oui, je suis bien son fait.

REPRISE ENSEMBLE.

Vite au bal, etc.

(Ils entrent à droite.)

BERLURETTE. Et maintenant que je suis la maitresse, occupons-nous de la soirée. (Elle sort par la gauche.)

SCÈNE V

DUCAILLOU. Il entre par le fond. Il est habillé en noir. Il a un faux nez.

DUCAILLOU. M'y voici !... personne !... entrons. (S'avançant.) Voici la chose : Edme Ducaillou... employé au gaz... quarante-deux printemps... pas d'hivers !... signe particulier... amoureux de ma bonne !... une Auvergnate de la plus belle eau... or voilà comment j'en suis tombé amoureux... Un jour qu'elle était dans la cuisine à faire une omelette au lard — j'entre et je m'approche au moment où elle allait faire sauter son omelette dans la poêle — son émotion à ma vue est telle qu'elle se trouve mal et laisse tomber l'omelette dans le feu... où elle se trouve mal aussi... je la ramasse... pas l'omelette... ma bonne... En la prenant dans mes bras, mon émotion est telle que je me sens faiblir... elle me ramasse à son tour... Et dès ce jour, à côté de ce moment de faiblesse mutuelle, j'adore Berlurette et je crois de son côté qu'elle me gobe assez... — Ce soir... mon épouse... était un peu souffrante... elle s'était retirée dans sa chambre... moi... je lisais mon journal... lorsque j'entends la porte du dehors qui se referme, je mets le nez à la fenêtre... c'était Berlurette, ma bonne, qui s'en allait... je ne fais ni une, ni deux... je descends, je sors et je la suis... bientôt... je la vois entrer dans cette caserne... Diable! fis-je, est-ce que Berlurette donnerait dans les militaires?.. Je m'informe et j'apprends qu'elle se rend chez le lieutenant Paul Cerney... Est-ce pour lui ou un autre?... je ne sais... qu'importe!... il me pousse une pensée! Je rentre me vêtir de noir, comme le page de Malborough et je me pare de ce faux nez!... car voici mon plan!... Épier le lieutenant Paul!... épier Berlurette!... si elle n'est pas coupable!... lui pardonner, et si elle est coupable, lui pardonner tout de même...

AIR: du *Château perdu.*

Et c'est pour ça que je viens sous un masque,
De ma servante épier les ébats,
Oui, Berlurette, fille aimable et fantasque,
J'veux t'arracher à tous ces mauvais pas.
Je veux te suivre en tes courses ardentes
C'est un devoir dont l'mérite m' reviendra.
De protéger aujourd'hui les servantes,
On leur doit bien ce dédommag'ment-là!

Oh! du monde! (Il remet vivement son nez.)

SCÈNE VI

DUCAILLOU, BERLURETTE, PILON, BOUFFARD, BELLEVENUE, CANARD, BELLEASPERGE. — SOLDATS.

PILON. Là! je suis prêt!... (Appelant.) Berlurette!

BERLURETTE. M' v'là!

PILON. Comment me trouvez-vous?

BERLURETTE. Ch'est magnifique!

DUCAILLOU. La voilà!... elle est belle! ma bonne!...

BERLURETTE. Eh bien, où donc qu'est les autres? Hé! Bouffard, Bellevenue! Belleasperge!

BOUFFARD, en odalisque. Me voilà!

CANARD. Présent! Je crois que j'ai l'air assez faubourg Saint-Germain.

BELLEASPERGE. Passe donc devant, gringalet.

BELLEVENUE. Oh! là! là!

BELLEASPERGE. Mais ne sois donc pas toujours dans mes jambes... moucheron !...

BELLEVENUE. Oh ! là ! là !... (A part.) Abuse-t-il de sa taille !

DUCAILLOU, s'avançant. Est-elle rutilante, ma bonne ?

BERLURETTE, voyant Ducaillou. Oh ! merci... plus qu' ça d' nez !

TOUS. Ah ! Ah !

PILON. Qu' qu' t'es donc toi ? La descente des nez aux enfers ?

DUCAILLOU. Qui je suis ? (A part.) soyons retors ! (Haut.) Je suis un membre du conseil des Dix.

TOUS. Des Dix !

DUCAILLOU. Et comme nous ne sommes que neuf, je viens ici pour en recruter un dixième.

PILON. C'est un recruteur.

DUCAILLOU. Silence !... mystère ! loyauté !... discrétion !

PILON. Tout ça ne me dit pas !

DUCAILLOU, à part. Ça doit être le lieutenant ? (Haut.) Après le bal, je causerai avec vous !

BERLURETTE. Là mes enfants !... à présent... nous voilà parés... je crois qu'il serait temps de commencer la soirée !

TOUS. Oui ! — Oui ! —

BERLURETTE. Mais, je vous en préviens, c'est une soirée du grand monde... de la distinction surtout...

CANARD. Oui... mais qu'est-ce qu'on fait... quand l'on est dans le grand monde ?

BERLURETTE. Oui... au fait !

TOUS. Oui... Oui !...

PILON. Pauvres gens... ça ne sait pas... tenez... (Il met ses mains dans les entournures de son gilet et se dandine en blaisant.) Eh ! bien, *ser* Vicomte.

DUCAILLOU, ahuri. Moi Vicomte ?

PILON, continuant. Et la petite chose... des délass !... Vous savez... avec qui nous prenions des bocks... au café Achille... qu'est-ce que nous en fesons donc ?... (poussant Ducaillou.) Réponds donc, animal ?

DUCAILLOU. Ah ! ça mais...

PILON. Si tu n'es bon à rien... Haut-là !... (Il le pousse vers Bellevenue) à Chaillot !

BELLEVENUE, le poussant. En chasse !

DUCAILLOU. Mais permettez !...

BELLEASPERGE. A Pékin !...

DUCAILLOU. Cependant.

CANARD. En Irlande.

DUCAILLOU. Ah! ça.

BOUFFARD. A la balançoire !... (Il est poussé ainsi de suite par tout le monde.)

BELLEASPERGE, à Ducaillou. Sers-nous des rafraichissements.

DUCAILLOU. J'aime mieux ça... où sont-ils?... (Bas.) Soyons retors.

CANARD. Là. (Il désigne la droite.)

DUCAILLOU. J'y vais!... (à Berlurette.) Je te suis de l'œil... belle Auvergnate !... (Il entre à droite.)

BERLURETTE, impatientée. Qu'est-ce qu'il me veut chelui-là avec son nez.

BELLEVENUE. A quoi... allons-nous passer... maintenant ?

BERLURETTE. Et fichtra !... on chante des romances... avec cette boite-là !... (désignant le piano.) Cha che fait toujours...

PILON. Oh ! pour la romance... j'en suis... qui tiendra le piano?

BELLEVENUE, avec aplomb. Moi... (A part.) Epatons-les!...

TOUS. Ah !

BELLEVENUE, à Berlurette. Petit!... mais plein de talents d'agrément.

TOUS. Allons!... allons au piano. (Bellevenue se met au piano et prélude à tort et à travers en imitant les gestes des pianistes.)

PILON. Joue-moi la riquetournelle.

BELLEVENUE. La riquetournelle de quoi?

PILON. La riquetournelle de ce que je vais chanter.

BELLEVENUE. Que chantes-tu!

PILON. Mais... je chante la chose dont tu vas jouer la riquetournelle.

BELLEASPERGE. Allons!... Ah! ouvrez-ça... pour qu'on entende mieux!

BOUFFARD. Ouvrons l'*or*moire (Il ouvre le piano.)

CANARD. Joue-moi ça amoroso.

BELLEASPERGE. Gracioso...

BELLEVENUE. Ça y est!... une... deux... trois... pars!...

PILON, chante.

AIR : *Connu*.

Petite fleur des champs.
Petite paquerette...

BOUFFARD. Allons bon... v'la l' vin dans l'*or*moire...

BELLEVENUE. Ça va griser le piano, je serai forcé de jouer faux.

BERLURETTE. Lâchons le piano, ça y est-il?

TOUS. Ça y est...

DUCAILLOU. Voilà les rafraîchissements.

TOUS. Buvons.

DUCAILLOU. Suis-je retors... Pendant ce temps je chercherai le lieutenant.

BERLURETTE. Eh ! bien ? et moi ?

DUCAILLOU. Voici !... Bois-tu bien... Es-tu belle quand tu bois !

BERLURETTE. Ah ! ça, qu'est-ce qu'il m'embête celui-là... Et maintenant, que vous avez entendu l'organe enchanteur de Pilon... à mon tour... En avant la chanson du régiment.

TOUS. Ecoutons !

DUCAILLOU, à part. Elle va chanter... je vais admirer ma bonne sous un nouvel aspect...

RONDE.

AIR *nouveau de M. Robillard.*

PREMIER COUPLET.

BERLURETTE.

Jean Brise-Cœur, le fantassin,
S'en allait en prom'nade
Il rencontra sur son chemin,
Une jeunesse aimable...
Il lui demande un petit baiser
— J' veux bien... monsieur, mais il faut m' courtiser.
— Brrr !...
qu'il lui répond.

TOUS.

— Brrr !...
Qu'il lui répond !

BERLURETTE.

Vous saurez qu' dans not' régiment
Lanfli, lanfla, lantourelou, lanfla...
Nous n' pouvons pas aimer longtemps,
Ça nous gên' pour notre avancement.

TOUS.

Vous saurez... etc...

BERLURETTE.

DEUXIÈME COUPLET.

Alors, mamz'elle y a-t-il moyen
De vous faire une visite...
Si vot' bourgeois est un pékin,
J' fréquent'rai sa marmite...
J' voudrais vous accompagner...
— J' veux bien, monsieur, mais il faut m' respecter.
— Brrr !...
Qu'il lui répond !

TOUS.

— Brrr !...
Qu'il lui répond !

BERLURETTE.

Vous saurez qu' dans not' régiment
Lanfli, lanfla, lantourelou, ranfla,
Nous n' respectons que not' sergent.
Ça nous sert pour notre avanc'ment.

TOUS.

Vous saurez, etc...

BERLURETTE.

TROISIÈME COUPLET.

Il la trouva le lendemain
Devant, Porichinelle
Alors il lui d'manda sa main...
Bonheur de la demoiselle!
J' veux y déposer un baiser,
— J' veux bien monsieur, mais il faut m'épouser...
Brrr!...
Qu'il lui répond!

TOUS.

Brrr!...
Qu'il lui répond!

BERLURETTE.

Vous saurez qu' dans not' régiment
Lanfli, lanfla, lantourelou, ranfla,
Nous n' nous marions pas souvent
Ça nous gén' pour notre avanc'ment

TOUS.

Vous saurez etc.

DUCAILLOU, transporté. Ah! Berlurette! je n'y tiens plus... Inonde mon visage de tes regards... c'est moi!...

BERLURETTE. Mon bourgeois, avec un nez comme ça!

DUCAILLOU. On n'a jamais trop de nez!

TOUS. Un pékin!

DUCAILLOU. Venez, Berlurette.

BERLURETTE. Où ça?

DUCAILLOU. Je veux vous entraîner loin de ce séjour de perdition... Allons à Valentino.

BELLEVENUE, BELLEASPERGE, CANARD, BOUFFARD. Jamais... jamais...

DUCAILLOU. Messieurs.

PILON. C'est ma bien-aimée.

LES QUATRE AUTRES. La mienne aussi.

DUCAILLOU. Hélas et moi! (Il soupire.)

PILON. Ce soir, elle doit choisir l'un de nous pour mari.

BERLURETTE. Du tout... je remets ça à la semaine prochaine (A part.) Ils sont tous charmants. (Haut.) En attendant... ouvrons le bal.

TOUS. Le bal.

BOUFFARD. Comme c'est agréable!... nous n'avons qu'une femme.

PITANCHET. De quoi? des femmes ?... J'en apporte.

TOUS. Comment?...

PITANCHET. Quand j'ai vu qu'on manquait de ce sexe à qui nous devons l'armée française... j'ai été en patrouille, avec quatre hommes... au bal voisin... et comme j'ai des mœurs... j'ai arrêté toutes celles qui dansaient trop... bien. (A la cantonnade.) Entrez au violon, mesdames.

TOUS, entrant. Ah!

DUCAILLOU, à Berlurette. Voulez-vous me donner la première?

PILON. Allons donc!... (Il le fait tourner.)

BELLEASPERGE, à Bellevenue. Danse donc toi.

BELLEVENUE. Ça fait-il grandir?

BELLEASPERGE. Tiens, vois; c'est à la danse que je dois ça... (Il montre ses jambes.) En place.

TOUS. En place!

AIR *précédent.*

BERLURETTE.

Messieurs, avant de commencer
Avant d' nous mettre en danse,
Nous devons nous interposer,
Et réclamer l'indulgence;
Pour contenter notre désir,
— Ça coûte si peu-z-et ça fait tant d' plaisir.
Brrr!...
Ne dites pas ça.

TOUS.

Brrr!...
Ne dites pas ça.

BERLURETTE.

Vous saurez, qu' dans not' régiment,
Lanfli... lanfla... lantourelon... ranfla,
Le plus p'tit applaudissement,
Est pour nous, un encouragement.

CHOEUR.

Tout le monde se place pour la contredanse, et sur la reprise du refrain on exécute une pastourelle. Le rideau tombe!

FIN

Imprimerie de L. TOINON et Cie, à Saint-Germain.

www.ingramcontent.com/pod-product-compliance
Lightning Source LLC
LaVergne TN
LVHW050517160826
845677LV00003B/1182

* 9 7 8 2 3 2 9 6 3 0 8 2 3 *